UNE FLEUR

VIE DE SAINTE ROSE DE VITERBE

VIERGE

DU TIERS-ORDRE DE SAINT-FRANÇOIS D'ASSISE

DÉDIÉE AUX JEUNES FILLES

par une Religieuse.

~~~~~~~~~~

Ouvrage illustré de gravures.

~~~~~~~~~~

PARIS

Rue des Saints-Pères, 30

J. LEFORT, IMPRIMEUR, ÉDITEUR

A. TAFFIN-LEFORT, Successeur

Rue Charles de Muyssart, 24

LILLE

UNE FLEUR

In-8º 5e série.

O mon Jésus, qui donc vous a mis dans cet état?... (p. 32.)

UNE FLEUR

VIE DE SAINTE ROSE DE VITERBE

VIERGE

DU TIERS-ORDRE DE SAINT-FRANÇOIS D'ASSISE

DÉDIÉE AUX JEUNES FILLES

par une Religieuse.

Les fleurs ont apparu sur notre terre,
les vignes en fleur ont répandu leur parfum.
(Ant. du *Magnificat*.
2ᵉ vêp. de la fête de Sᵗᵉ Rose de Viterbe.)

~~~~~~~~~~

Ouvrage orné de gravures.

~~~~~~~~~~

PARIS
rue des Saints-Pères, 30
J. LEFORT, IMPRIMEUR, ÉDITEUR
A. TAFFIN-LEFORT, SUCCESSEUR
rue Charles de Muyssart, 24
LILLE

EXTRAIT

D'UNE

LETTRE DE LA COMTESSE DE CHABANNES

« ... Ce livre écrit sous la dictée d'un cœur rempli de foi, d'une âme tout enflammée du désir de faire connaître à ses jeunes lectrices, les charmes de la vertu, les douceurs de la piété, et leurs devoirs envers Dieu et envers leurs parents, ne saurait être trop propagé dans les familles et dans les écoles; les mères et les maîtresses s'en serviront avec grand profit, si elles en font tout haut la lecture, variant un peu les conclusions pratiques selon la position et le genre d'éducation qu'il est à propos de donner aux chers petits êtres confiés à leur amour. Sans doute les enfants intelligents pourront à eux seuls en tirer profit, mais avec la légèreté propre à leur âge, plusieurs liront les récits et passeront les réflexions ou, comme on dit, la morale. Les réflexions sont toutes un écoulement du texte : mais c'est de vive voix qu'elles auront de la portée et de l'effet.

» Le style est simple, pur, et attachant. Félicitez l'auteur de ce charmant ouvrage et réclamez pour moi une part dans ses ferventes prières et celles de ses chères enfants... »

———

INTRODUCTION

Mes chères enfants,

En entrant dans un jardin, vous êtes charmées par la vue des belles fleurs; vous les admirez, vous en respirez le parfum. Vous est-il permis de cueillir une rose? Vous êtes heureuses, vous en avez soin, vous en faites vos délices.

Je viens vous proposer aujourd'hui une petite promenade dans un jardin bien plus beau que tous ceux que vous connaissez.

La sainte Église catholique, c'est le jardin du bon Dieu, les Saints en sont les fleurs, Jésus est le divin soleil qui les fait croître, sa grâce est la douce rosée qui les rafraîchit.

Il y a des fleurs plus brillantes et plus belles, mais elles ont toutes le même parfum; elles répandent toutes la bonne odeur de Jésus. C'est, en premier lieu, la Sainte Vierge Marie que vous invoquez tous les jours sous le beau titre de Rose mystique. Mais cherchons s'il n'y aurait pas plus à votre portée une fleur, une belle fleur pour vous!... La voici! Oh! quelle est charmante! C'est une jeune sainte du nom de Rose. Approchez, chères petites filles, nous la contemplerons ensemble, nous l'admirerons et nous l'aimerons, car elle est belle, magnifique, séduisante! Le parfum délicieux qu'elle répand, c'est Jésus! son amour! sa gloire!

Mais cette aimable Fleur du ciel ne s'épanouit pas seulement pour le plaisir de nos yeux, pour le charme de son parfum, elle nous donne encore des fruits exquis que nous allons cueillir pour en nourrir nos âmes. Ces fruits, mes chères enfants, ce sont les belles vertus que nous verrons briller dans notre jeune sainte et que nous devrons nous efforcer d'imiter.

En aimant cette sainte petite sœur, vous aimerez Jésus qu'elle vous montre, vous pratiquerez les vertus dont elle vous donne l'exemple, vous attirerez les bénédictions du Ciel sur vous, sur vos chères familles, sur la sainte Église et sur la France.

UNE FLEUR

CHAPITRE I

Naissance de la sainte. — Merveilles de son enfance.

La chère sainte naquit à Viterbe en Italie, au printemps de 1235.

Jean son père et Catherine sa mère étaient tous deux employés au service des religieuses de Saint-Damien et habitaient une petite maisonnette auprès de leur couvent. C'est dans cette humble habitation que notre bien-heureuse enfant apparut sur la terre.

Au saint baptême, elle reçut le nom de Rose, nom béni et symbolique qu'elle devait rendre illustre dans la sainte Église. Cette charmante petite Rose, en effet, répandra autour d'elle un délicieux parfum, elle se montrera l'emblème vivant de la reine des fleurs, sa vie sera une vie d'amour, une vie de charité.

Le bon Dieu, qui avait jeté sur cette âme un regard de prédilection et la destinait à de grandes choses, en fit, dès sa plus tendre enfance, un prodige de grâce et de sainteté. Souvent, au milieu d'un gracieux sourire, son regard s'élevait et se fixait angéliquement vers le ciel. Fiers du trésor qui leur était confié, ses parents unirent leur amour et leur foi pour former sa jeune âme à la piété. Sa petite langue n'était pas encore déliée qu'ils lui apprenaient à prononcer les saints noms de Jésus et de Marie. Et la chère enfant, répondant à leurs soins et vivement excitée par la grâce, n'avait de goût que pour les choses du bon Dieu. Au lieu de s'amuser comme les enfants de son âge, elle passait la plus grande partie de son temps devant les saintes images qui ornaient les murs de la maison de ses parents, particulièrement devant celles de la Très Sainte Vierge et de saint Jean Baptiste. Là, immobile, à genoux, les mains jointes, elle priait comme un petit ange.

Elle pouvait à peine marcher, que, guidée

par un instinct céleste, elle ne sortait guère
que pour aller à l'église, où elle se tenait avec
tant de modestie et de recueillement que tous
ceux qui la voyaient étaient dans l'admiration
et se sentaient portés à aimer davantage le
bon Dieu. De retour chez ses parents, la petite
servante de Jésus répétait les sermons qu'elle
avait entendus, reproduisait les accents et
imitait les gestes des prédicateurs avec tant de
naturel, de grâce, de conviction et de feu,
qu'elle charmait et attendrissait les cœurs les
plus durs.

Le ciel montra bientôt combien cette jeune
innocence lui était chère. Rose n'avait encore
que deux ans lorsqu'on s'aperçut plusieurs
fois que des petits oiseaux, des colombes
surtout, venaient se reposer familièrement sur
elle, la caressaient du frôlement de leurs ailes,
la provoquaient par leurs gazouillements ;
amis intimes et pleins d'assurance, ils bec-
quetaient sur sa petite main les miettes qu'elle
leur offrait en leur rendant leurs affectueuses
gentillesses. Il lui suffisait d'un mot pour les
congédier, comme d'un simple signe pour les
faire revenir.

Le bon Dieu voulait lui donner, comme à
saint François d'Assise, cet empire sur les

créatures, qu'Adam et Ève innocents possé-
daient dans le paradis terrestre.

Sur vous aussi, mes chères enfants, le bon
Dieu a jeté un regard d'amour. Que de grâces
ne vous a-t-il pas accordées depuis l'instant
de votre naissance ?

Par le saint baptême, il vous a faites ses
enfants et les enfants de la sainte Eglise. Vous
êtes chrétiennes et c'est un bien beau titre !
Oh ! tâchez d'être de bonnes chrétiennes.
Regardez votre aimable patronne sainte Rose
de Viterbe et imitez-la.

Le bon Dieu vous a donné des parents
chrétiens qui vous ont conduites dans une
bonne école où l'on vous parle de Jésus et de
Marie. Comme sainte Rose, prononcez souvent
et avec amour ces noms bénis. Comme elle,
aimez les choses du bon Dieu ! Comme elle,
priez à la maison devant le Crucifix, l'image
de la Sainte Vierge et des Saints que vous
aimez. Montrez à vos chers parents que vous
répondez à leurs soins dévoués en priant Jésus
et Marie de les bénir. Eux peut-être n'ont pas
le temps de prier, ils doivent travailler pour
vous, faites-le donc à leur place, le bon Dieu
vous écoutera et vous exaucera.

Enfin, mes chères enfants, aimez aussi à aller à l'église ; l'église c'est la maison du bon Dieu, c'est là que Jésus vous attend pour vous bénir, vous combler de ses grâces divines. Hélas! que de petites filles passent près d'une église sans y entrer, sans penser même que Jésus est là !

Quand vous êtes à l'église, mes chères enfants, vous y tenez-vous bien comme sainte Rose de Viterbe? Ne tournez-vous pas la tête de côté et d'autre ? Ne pensez-vous pas à tout, excepté au bon Dieu ? Pendant les sermons, les instructions, êtes-vous bien attentives ? Prenez donc à l'instant même une bonne résolution et désormais soyez très modestes et recueillies à l'église, écoutez attentivement les instructions, mettez-les en pratique et puis en rentrant à la maison, racontez à vos chers parents ce que vous avez entendu, ils vous écouteront volontiers, surtout si vous êtes sages et affectueuses.

En agissant ainsi, mes chères enfants, vous vous montrerez vraiment les petites sœurs de sainte Rose de Viterbe et Jésus et Marie vous béniront.

———

CHAPITRE II

Le miracle des roses. — Elle ressuscite sa tante.

Le cœur de Rose était profondément ému à la vue des pauvres, elle considérait son divin Jésus dans leur personne, et, malgré sa pauvreté, elle trouvait moyen de les secourir. Quand elle en apercevait un dans la rue, elle courait à lui, elle lui donnait tout ce qu'elle possédait ; le plus souvent, ce n'était que le petit morceau de pain qu'elle avait reçu pour la journée et qu'elle cachait soigneusement ; mais elle accompagnait toujours ce don, si généreux déjà, de quelques mots partis de son cœur débordant de tendresse. Elle savait par sa piété et son amabilité porter les malheureux à aimer le Seigneur et à lui offrir leurs privations et leurs souffrances.

Le bon Dieu voulut récompenser par un miracle la charité de sa jeune servante. Son père, qui craignait de voir sa maison bientôt dévalisée, lui commanda de mettre des bornes à sa prodigalité. Un jour que Rose se trouvait seule, les pauvres s'étaient comme d'habitude réunis en grand nombre devant sa maison. Son amour et sa piété pour ces malheureux lui font tout à coup oublier ses résolutions ; elle remplit son tablier de morceaux de pain, et se dispose à en faire la distribution.

Au même moment, son père arrive et veut voir ce qu'elle porte. L'enfant confuse et pâle de crainte ouvre son tablier. O merveille !... Ces morceaux de pain sont changés en autant de roses blanches très fraîches, qui répandent les plus délicieux parfums. Stupéfaits, le père et tous les assistants restent interdits, immobiles ; on était au sein d'un hiver extrêmement rigoureux. A partir de cette heure, Rose fut libre d'exercer sa charité selon les tendances de son cœur.

C'est ainsi que le Seigneur voulant confier à notre jeune sainte une mission extraordinaire, il lui accorda le don des miracles qui devaient en être la preuve authentique. Rose n'avait encore que trois ans lorsque Dieu daigna manifester sa sainteté par un prodige des plus éclatants. Une de ses tantes, gravement malade, vint à mourir. Le corps était déjà dans le cercueil et la famille pleurait et priait. Émue de la douleur de ses parents, Rose s'approche, lève les yeux au ciel, et demeure un moment en silence, puis tendant sa petite main à la défunte, elle l'appelle par son nom ; aussitôt celle-ci se dresse, rend grâces au Seigneur, va embrasser sa chère libératrice et la présente aux témoins de cette scène comme un temple vivant du Saint-Esprit.

Vous aussi, chères enfants, imitez sainte Rose dans son amour pour les pauvres, donnez-leur si vous le pouvez et, pour cela, sachez faire un petit sacrifice, vous priver d'une friandise, d'un objet de vanité depuis long-temps convoité, ou du moins, sachez leur faire l'aumône d'une bonne parole, d'un sourire, d'une marque de compassion, d'une prière. Si le bon Dieu ne vous accorde pas le don des miracles, soyez sûres qu'Il bénira votre bonne volonté et vos efforts ; vous serez ainsi les petites consolatrices des malheureux, vous verserez dans leurs cœurs brisés un baume bienfaisant, vous leur apprendrez à aimer Jésus et à souffrir volontiers pour lui.

Sainte Rose ressuscite sa tante! C'est là

assurément un très grand miracle que le bon
Dieu voulut bien opérer par elle. Ce miracle
présageait les merveilles que cette admirable
enfant opérerait dans les pécheurs en les
faisant renaître à la vie de la grâce, et dans
les justes en les faisant persévérer dans le
bien.

Vous aussi, chères enfants, vous pouvez
par vos prières et vos petits sacrifices rendre
la vie de la grâce aux âmes qui vous sont
chères. N'y a-t-il pas autour de vous un père,
une mère, un frère, une sœur, une amie, dont
l'âme est souillée peut-être par le péché mor-
tel?... Priez alors et offrez quelques pénitences au bon Dieu, pour obtenir le retour de
cette âme. N'oubliez pas ceux qui ont quitté
cette terre et qui souffrent peut-être main-
tenant dans les flammes du purgatoire, vous
pouvez leur ouvrir le ciel par vos prières et
vos pénitences, et vous ferez ainsi bien plus
pour eux que si vous leur rendiez la vie cor-
porelle.

CHAPITRE III

Pleine de tendresse et de charité pour les
pauvres, Rose témoignait au suprême degré
l'amour, le respect et l'obéissance qu'une enfant doit à ses parents. Elle voyait en eux les
représentants du bon Dieu sur la terre, et
montrait, par ses paroles et ses actions, la
vénération parfaite qu'elle leur portait au fond
de son âme. Elle devinait leurs besoins, pré-
venait leurs désirs, les aidant de tout son
pouvoir. Son obéissance était prompte, affectueuse, empressée. Épanchements de cœur,
douces paroles, manières aimables, airs sou-
riants, elle se servait de tous les moyens
pour leur témoigner une affection aussi filiale
que dévouée. Leur satisfaction faisait son
bonheur, comme elle trouvait aussi sa propre
affliction dans leurs peines ! A quelles indus-

tries n'avait-elle pas recours pour les soula-
ger ! Mais en retour comme le bon Dieu bénis-
sait visiblement cette charmante et aimable
enfant !

Un jour, sa mère perdit une poule qu'elle
aimait beaucoup à cause de la couleur extraordinaire de son plumage. Elle en fut toute
triste. Rose, encore petite enfant, connut sur-
naturellement que cette poule avait été en-
levée par une de ses voisines. Touchée du
chagrin de sa mère, elle va trouver secrète-
ment la coupable, lui parle avec bonté et
affection, et l'engage à rendre ce qu'elle a
pris. Mais cette femme se fâche et couvre la
pauvre enfant d'injures. Le petit ange ne disait
rien ; mais le ciel prit vite sa défense, car
pendant que cette malheureuse femme la
maltraitait ainsi, des plumes, d'une couleur
variée et parfaitement semblables à celles du
volatile dérobé, commencèrent à pousser sur
tout le côté droit de sa figure. Confuse, la
coupable avoue sa faute, va prendre la poule
qu'elle remet entre les mains de la petite fille,
en suppliant de la délivrer d'un mal qui la
ferait mourir de honte. Rose se mit en prières,
et en un instant il ne resta pas la plus légère
trace d'un si honteux plumage. Sincèrement

corrigée de ses mauvaises habitudes, cette femme ne cessa jamais de servir le Seigneur et de bénir la sainte libératrice.

Citons encore un fait. Rose avait sept ans. Elle était allée prendre de l'eau à la fontaine qui se trouvait auprès de l'église de Sainte-Marie-du-Coteau, où elle rencontra d'autres enfants de son âge. Une petite fille, en jouant avec ses compagnes, cassa le vase qu'elle avait apporté. Elle se rendit tout en larmes près de sa mère, et pour n'être pas punie, elle accusa Rose de le lui avoir fait tomber. Cette femme entre alors en colère et vient vers la jeune enfant qu'elle accable d'injures et de malédictions. Au lieu d'être vaincue par le silence et la modestie de l'innocente victime, elle s'irrite, elle accourt auprès de sa mère Catherine, qui devient toute pâle, toute tremblante, en entendant les imprécations qui fondent sur sa tête. Rose, émue en voyant sa tendre mère si durement traitée, cherche à calmer cette femme, mais c'est en vain ; alors elle retourne à la fontaine, ramasse les pièces du vase cassé, lève un regard vers le ciel, et, en un clin d'œil, remet le vase dans toute son intégrité sans qu'il paraisse la moindre trace de l'accident. Elle le rapporte ensuite à cette

Des petits oiseaux, des colombes surtout venaient se reposer
familièrement sur elle.... (page 11.)

pauvre femme, qui reste toute confuse et
repentante de ses excès et de sa colère.

Mes bien chères enfants, comme sainte
Rose, ayez pour vos chers parents un profond
respect, un amour tendre et dévoué. Voyez
toujours en eux les représentants du bon Dieu
et, à moins qu'ils ne vous commandent le
mal, obéissez-leur en tout. Votre père et votre
mère vous aiment beaucoup, ils pensent sans
cesse à vous, ils travaillent pour vous, ils s'im-
posent des sacrifices, des privations, afin de
vous donner tout ce qui vous est nécessaire.
Oh ! que votre cœur reconnaissant sache
trouver et dire bien souvent ces paroles affectueuses et douces qui augmenteront la joie de
vos chers parents et les consoleront dans leurs
peines. Oui, chères enfants, soyez des petits
anges de paix, de joie, de bonheur, de consolation ! Et que votre père et votre mère, en
déposant chaque jour sur votre front un baiser
plein d'amour, puissent se dire l'un à l'autre :
« Oh! que cette enfant nous rend heureux ! »

CHAPITRE IV

Rose s'enferme dans une étroite cellule. — Elle revêt l'habit du tiers-ordre de Saint-François.

Afin de vivre d'une manière plus intime avec le bon Dieu, Rose supplia son père de lui réserver dans la maison comme chambre un petit réduit très étroit et fort peu éclairé. C'est dans cette pauvre cellule qu'elle s'enferma dès l'âge de sept ans, bien résolue d'y passer tous les jours de sa vie dans la prière et le travail. Qu'elle était grande la ferveur de cette sainte enfant! Bien des fois, ses parents et d'autres personnes entr'ouvrant sans bruit la porte de sa cellule, purent jouir du spectacle admirable de cet ange de la terre priant et méditant. Rose ne voyait rien, n'entendait rien, ne s'apercevait de rien. Son esprit et son cœur étaient uniquement occupés du bon Dieu et des choses du ciel.

Elle priait surtout pour la sainte Église

fort persécutée à cette époque, et mortifiait son corps innocent par les plus effrayantes austérités.

A l'âge de huit ans, les pénitences ayant déjà épuisé ses forces, elle fut atteinte d'une maladie qui faillit la conduire au tombeau. Quel touchant spectacle que celui de cette vierge encore si jeune, étendue sur sa pauvre couchette, brûlée par une fièvre continue, ne laissant jamais échapper une seule plainte, et n'ouvrant la bouche que pour bénir le Seigneur ! Aussi, au milieu de ses souffrances, Jésus la favorisa de grâces singulières, d'extases, de ravissements ; il lui fit goûter quelque chose des délices du paradis.

La veille de la fête de saint Jean Baptiste, la bienheureuse enfant eut une vision bien douce. La Sainte Vierge Marie lui apparut dans tout l'éclat de ses grâces et le charme de sa bonté. La Mère de Jésus s'approcha de Rose, l'embrassa avec la plus affectueuse tendresse, et de la voix la plus délicieuse l'invita à revêtir l'habit du tiers-ordre de Saint-François. Elle lui commanda ensuite de reprendre, quand le moment en serait venu, les vices des habitants de Viterbe, sans crainte aucune et sans distinction de personnes, et de soutenir énergiquement la cause du bon Dieu et de la sainte Église. Elle la prémunit contre les persécutions et les peines qui devaient fondre sur elle, lui disant de les supporter avec patience, afin qu'elles fussent pour elle une source de mérites et un sujet de précieuses récompenses.

La Sainte Vierge Marie la bénit ensuite et se retira, laissant Rose comme plongée dans un océan de bonheur et de joie. L'heureuse enfant passa le reste de la nuit dans de vives actions de grâces et une sainte impatience d'accomplir au plus vite ce qui venait de lui être prescrit.

Vous avez admiré l'ardente piété de sainte Rose, mes chères enfants. Mais ce n'est pas assez, il faut vous efforcer de l'imiter au moins dans une certaine mesure.

Qu'il est beau de voir une petite fille, priant avec ferveur, les mains jointes et les yeux baissés ou regardant l'image de Jésus et de Marie, sans se tourner de côté et d'autre, uniquement occupée du bon Dieu à qui elle s'adresse dans la prière !

Chères petites filles, c'est ainsi, n'est-ce pas, que vous allez prier désormais !

Sainte Rose de Viterbe ne se plaint pas dans la souffrance, elle est heureuse de pouvoir l'offrir à Jésus. Vous aussi, mes chères enfants, quand vous êtes en proie à une de ces mille maladies qui sont la suite du péché originel, quand vous avez mal à la tête, aux dents, à la gorge, quand vous vous êtes blessées en tombant, évitez de trop vous plaindre, supportez généreusement ces souffrances, et offrez-les au bon Jésus qui a tant souffert pour vous !

Sainte Rose de Viterbe était très mortifiée, mes chères enfants.

Et vous, ressemblez-vous à votre sainte patronne ?... Ne cherchez-vous pas au contaire à flatter votre corps, à le satisfaire en tout ? N'êtes-vous pas sans cesse à la recherche des commodités, des plaisirs ?... Apprenez de la jeune servante de Jésus à savoir vous gêner, vous imposer quelques sacrifices, par exemple, la privation d'une friandise, d'une satisfaction, d'un objet qui vous plaît, de tout ce qui peut exciter votre vanité ! Que de mérites vous pourrez acquérir par là ! Comme vous vous rendrez agréables au bon Dieu qui ne manque jamais de récompenser largement le plus petit acte de générosité.

Allons, chères petites filles, en faisant chaque jour quelques mortifications, préparez vos jeunes cœurs à l'apostolat que vous pouvez exercer si vous le voulez en correspondant bien aux grâces que le bon Dieu vous accorde, comme le fit l'aimable sainte, que vous aimez déjà et que vous voulez imiter.

CHAPITRE V

*Son recueillement et ses transports quand elle assiste
à la célébration des saints mystères.*

Rose avançait moins en âge qu'en vertu.
Elle avait le cœur tellement rempli de
l'amour du bon Dieu, qu'elle ne pensait qu'à
Lui et ne trouvait son plaisir qu'à entendre
parler de Lui. De là ce goût si prononcé pour
la retraite, et ce bonheur si grand qu'elle
éprouvait d'aller à l'église surtout dans celle
de Saint-François d'Assise qu'elle affection-
nait particulièrement.

Quand elle assistait à la célébration des
divins mystères, à la sainte Messe, aux
divers offices de l'Église, son recueillement et
ses transports redoublaient à mesure qu'elle
en appréciait davantage la sainteté et la grandeur.

Si le seul nom de Jésus suffisait pour l'en-
flammer, la présence réelle de Jésus au Très

Saint Sacrement la ravissait, embrasait son âme !

Devant le Tabernacle, tantôt pleinement absorbée dans l'adoration, elle paraissait comme anéantie : ses lèvres demeuraient closes, tout reposait dans ses membres et sur ses traits qui rappelaient la silencieuse attitude et la douce expression des anges adorateurs ; tantôt la poitrine haletante, le regard fixé sur l'autel, le visage ardent, la bouche entr'ouverte, il semblait que son âme, incapable de résister au feu qui la dévorait, était sur le point de quitter son corps pour s'élancer vers le divin objet de son amour.

C'est en Jésus que se concentrent toutes ses pensées, tous ses désirs, toutes ses affections. Elle veut imiter Jésus dans son humilité, son silence, son esprit de pauvreté, son amour pour les souffrances, l'obéissance à ses parents. Elle portera Jésus avec elle, elle reproduira sa vie en elle, et toutes ses paroles pourront se résumer en ces deux mots : Aimez Jésus !

Mes chères enfants, quand vous allez à l'église où réside le Très Saint Sacrement, avez-vous la foi, l'amour, éprouvez-vous quelque chose des pieuses ardeurs de sainte Rose de Viterbe ? Pensez-vous même que Jésus est là ? La lampe qui brûle et se consume devant le Tabernacle vous le dit pourtant ! Oui, Jésus est là ! Il est là, vivant dans la sainte Hostie ! Il est là, disant encore : Laissez venir à moi les petits enfants pour que je les bénisse, pour que je les caresse, pour que je les presse sur mon Cœur ! Chères petites filles, en voyant combien Jésus vous aime, aimez-le aussi. Allez à lui souvent, ne passez jamais devant une église sans y entrer pour faire au moins une courte visite au Très Saint Sacrement. Quand vous assistez à la sainte Messe, voyez Jésus priant, s'immolant pour vous !

Unissez-vous à lui et en le quittant laissez-lui votre cœur et emportez avec vous sa divine bénédiction.

Chères enfants qui vous disposez à la première communion ; vous, surtout aimez l'Eucharistie, aimez Jésus-Hostie ! Allez à lui souvent ! Et quand vous aurez eu le bonheur de le recevoir dans la sainte communion, portez-le partout avec vous et dites à tous par vos paroles et vos exemples : Aimez Jésus ! Aimez Jésus dans la divine Eucharistie !

CHAPITRE VI

Epouse de Jésus, elle Lui ressemble par la douleur.—
Jésus lui apparaît en croïx. — Première prédication.

La sainte enfant avait dix ans, elle était fille de Saint-François et se sentait de plus en plus transportée d'amour pour Jésus. Le bon Sauveur se montrant à elle, lui fait entrevoir qu'il l'a choisie pour épouse ; c'est pour ce motif qu'elle doit aussi lui être plus parfaitement semblable par la douleur. Dès lors, le divin Crucifié est comme l'objet fixe de ses pensées, son esprit et son cœur en sont pénétrés sans cesse.

Un jour, Jésus lui apparut suspendu à la Croix, les mains et les pieds cloués, la tête couronnée d'épines, le visage meurtri, tout le corps inondé de sang. A ce spectacle, elle s'écrie en pleurant : « O mon Jésus, qui donc vous a réduit en cet état ? » Jésus lui répondit : « C'est mon amour, mon ardent amour pour les hommes !

— Mais, reprend la Sainte, qui vous a si cruellement transpercé et déchiré sur ce bois ?

— C'est le péché ! répond le Sauveur.

—, Le péché ! » s'écrie alors la sainte enfant, en versant des torrents de larmes.

Puis, dévorée de la soif des âmes, elle parcourt toutes les rues de la ville pour ramener le peuple à la pénitence. Le crucifix qu'elle tient dans ses mains, le feu divin qui brille dans ses yeux, l'expression touchante que revêt son visage, la peinture vive, énergique et vraie qu'elle fait des affreux désordres où l'on vit, et des châtiments terribles dont on est menacé, font une impression si profonde sur les esprits que quelques-uns même, qui n'étaient venus que dans le but avoué de la contredire et de la tourner en ridicule, s'en retournent silencieux et visiblement émus.

Le soir venu, elle se rend dans l'église de Sainte-Marie-du-Coteau pour y achever publiquement devant le Tabernacle, par ses prières, ses gémissements et ses larmes, ce que ses prédications ont si heureusement commencé.

Ah ! mes chères enfants, regardons attentivement Jésus crucifié, et si nous lui demandons qui l'a réduit en cet état, il nous répondra comme à sainte Rose : C'est le péché ! Ce sont nos péchés ! pensons-y bien ! Et on en commet si facilement, si souvent ! Oh ! que de notre cœur contrit et brisé de douleur s'échappe dans un généreux élan cette promesse : « Plus de péché jamais ! Plus de péché volontaire ! Jésus nous en prenons l'engagement ! »

Oui, chères petites filles, évitons le péché, le plus petit péché et tout ce qui en aurait l'apparence. Et puis, empêchons-le autour de nous ! Une petite fille peut par un bon conseil donné à ses frères, à ses sœurs, à ses compagnes, faire éviter un péché. Toujours, du moins, il lui est possible de prier pour les pauvres pécheurs, de demander au bon Dieu de vouloir bien les convertir et de mettre dans leurs cœurs l'amour divin, l'amour de Jésus !

CHAPITRE VII

Lorsqu'après l'apparition de Jésus, Rose se mit à parcourir la cité pour amener le peuple à la pénitence, elle ne tarda pas à voir la plaie immense qui rongeait les âmes. Aussi, sans compter avec la fatigue, elle exerce sa mission apostolique auprès des habitants de Viterbe ; elle prêche sur les places publiques, elle tonne contre les vices et les désordres, elle explique les vérités de la foi, elle combat les hérésies et défend avec intrépidité les droits spirituels et temporels du Saint-Siège, violés par l'impie Frédéric II. Elle montre combien juste est la cause du Pape Innocent IV, le chef suprême de la sainte Église.

Les plus grands savants venus pour l'écouter ne s'expliquaient pas qu'une petite fille de son âge, qui n'avait jamais fréquenté d'école, et ne pouvait humainement savoir que ce qu'elle avait appris de ses parents ou de quelques prédicateurs, fût si avancée dans la science de la religion et dans la connaissance des lois. Où avait-elle appris toutes ces choses, elle qui ne savait peut-être pas lire? Tous se le disaient en l'écoutant : Elle ne l'avait appris qu'à l'école du Cœur de Jésus !

Et c'était bien le Seigneur qui parlait par sa bouche. Ses exhortations étaient bénies du bon Dieu et portaient des fruits. Tous ceux qui l'entendaient voulaient se confesser et recevoir la Sainte Eucharistie, les églises étaient plus fréquentées et la religion honorée et respectée.

Or, plus le zèle de notre petite sœur produisait des merveilles, plus le démon était acharné contre elle et voulait l'empêcher de parler. Il n'ose pourtant pas l'attaquer directement, mais il va se servir de Jean-Baptiste, son père. Les ennemis de l'Église, furieux des prédications de sa fille, vont se déchaîner contre lui et le persécuter. Cet homme simple et timide est dans la plus vive inquiétude, il expose à Rose les graves dangers qui les menace, lui reproche d'en être la cause, et lui défend de continuer ses prédications et de recevoir qui que ce soit dans sa demeure.

Rose ne se trouble point. Jamais elle ne pourra s'y résoudre, puisque le temps est venu d'accomplir la mission que le Seigneur lui a donné par l'organe de la Très Sainte Vierge. « Mon père, dit-elle, les larmes aux yeux et avec l'accent de la plus inexprimable tendresse, défendez-moi ce que Dieu n'a pas commandé, commandez-moi ce qu'il n'a pas défendu, et je vous obéirai. Ne savez-vous pas que lorsqu'il nous a manifesté ses desseins, nous n'avons qu'une seule chose à faire, les exécuter ! Permettez donc que je me conforme aux ordres de son adorable volonté. Et vous-même favorisez de toutes vos forces le ministère qu'il a daigné me confier, car vous n'ignorez pas les consolantes paroles que m'a fait entendre la Mère de Jésus. »

Pendant que Rose parlait ainsi, les sanglots étouffaient le cœur de son père. Ses dispositions sont changées tout à coup. Il se penche avec amour vers cette héroïque enfant, la prend entre ses bras, lui donne les marques les plus attendrissantes de ses regrets et de son amour, et lui permet de continuer ses prédications. Rose tombe à genoux pour le re-

mercier. Puis elle s'avance confiante et tran-
quille. La croix est dans ses mains, la prière
sur ses lèvres, la pureté dans son cœur! Que
ne peut-elle pas espérer? Elle fait entendre à
la foule qui se presse autour d'elle ce que lui
dicte le Ciel. Elle insiste avec un soin parti-
culier sur l'infaillibilité de la sainte Église et
l'obligation de nous soumettre à ses lois. Elle
explique les différents articles du symbole, les
commandements de Dieu, la prière et les
sacrements.

Au bout de quelques mois à peine, il y avait
dans Viterbe un changement notable. Le crime
avait fait place à la vertu, la religion triom-
phait, le Pape et la sainte Église étaient aimés,
respectés!

Des miracles nombreux confirmaient encore
les paroles de cette admirable enfant.

On lui amenait des sourds, des muets, des
aveugles, des boiteux, des paralytiques, des
malades de toutes sortes et elle les guérissait
en faisant sur eux le signe de la croix.

Un jour, au milieu d'une foule considérable,
Rose démontrait la divinité de l'Église catholique. Mais, à cause de sa petite taille, le plus
grand nombre des assistants ne pouvait ni la
voir, ni l'entendre; tout à coup la grosse pierre

sur laquelle reposaient les pieds de l'enfant, se détache du sol, s'élève doucement avec elle, la porte à une hauteur d'où elle domine complètement l'assemblée, s'y soutient pendant tout le temps que dure son discours, et ne redescend insensiblement pour la remettre sur le sol que lorsqu'elle a fini de parler. Ce prodige remplit d'étonnement et d'admiration ceux qui en furent les témoins et tous proclamaient la sainteté de cette admirable petite fille transformée en apôtre. Depuis lors, ce même miracle se renouvela dans plusieurs autres circonstances.

Mes bien chères enfants, dans la famille, autour de vous, partout, quel vaste champ s'ouvre aussi à votre zèle ! Oh ! comme sainte Rose, soyez apôtres ! Regardez Jésus crucifié, que son divin amour enflamme votre jeune cœur et avec la croix sur votre poitrine, allez en avant pour Jésus et les âmes !

Soyez apôtres auprès de vos chers parents ! Priez avec eux et pour eux, soyez sages, obéissantes, vertueuses, et puis, parlez-leur quelquefois du bon Dieu, de sa bonté, de son amour. Soyez les anges de la famille ! Faites du bien à tous ! Comme il est grand le pouvoir d'une petite fille bien aimante sur le cœur d'un père et d'une mère! On ne sait pas lui résister. Oh! pour Jésus, pour les âmes de vos chers parents, cherchez dans votre cœur d'enfant mille moyens, employez de saintes ruses pour leur ouvrir le ciel!

Soyez apôtres autour de vous, auprès de vos frères, de vos sœurs, de vos compagnes. Que de paroles une petite fille ne dit-elle pas dans un jour! Et quelles sont ces paroles?... Que votre bouche enfantine laisse échapper souvent un bon conseil, un petit avertissement bien affectueux, une parole de consolation et d'encouragement. Excitez-vous mutuellement à l'amour de la vertu et aidez-vous à la pratiquer.

Comme sainte Rose, chères enfants, aimez la sainte Église, aimez le Pape, vicaire de Jésus-Christ, priez pour lui, défendez ses droits, si cela vous est possible, et dites toujours avec un grand bonheur : « Je veux être une véritable enfant de la sainte Église catholique! »

CHAPITRE VIII

Rose est condamnée à l'exil avec ses parents. — Elle adoucit par ses paroles et ses actions l'amertume de leur douleur.

Il y avait déjà près de quatre ans qu'avec la bonne odeur de ses vertus, la petite Rose répandait à Viterbe le charme toujours croissant de sa parole, qu'elle multipliait ses miracles et ses bienfaits.

L'empereur Frédéric II et ses partisans devinrent furieux contre Rose. Par ses prédications, elle mettait au grand jour leur mauvaise conduite et inspirait à tous un ardent amour pour l'Église et le Souverain Pontife. Ses ennemis lui défendent de parler en public sous peine des plus graves châtiments. Notre jeune sainte déclare sans crainte qu'elle remplira jusqu'au bout la mission qu'elle a reçue du ciel, dût-elle être exposée à la prison, à l'exil, à la mort. Cette ferme résolution augmente la fureur des hérétiques, et Rose avec son père et sa mère sont condamnés à prendre immédiatement le chemin de l'exil.

Rose était heureuse d'avoir quelque chose à souffrir pour l'amour de son divin Maître, mais ses parents ne pouvaient retenir leurs larmes et leurs cris en présence de leur triste sort et dans l'appréhension des dangers qu'ils allaient courir. La sainte enfant, émue de leur affliction leur dit : « Père bien-aimé, bonne et tendre mère, pourquoi vous abandonner à la crainte et à la douleur ? Ne savez-vous pas que lorsque Jésus notre divin Maître, prédit à ses disciples qu'ils seraient traînés devant les tribunaux, regardés comme le rebut du monde, flagellés, proscrits, exilés, il ajouta : « Quand vous serez ainsi maltraités à cause de mon nom, réjouissez-vous et tressaillez d'allégresse parce qu'une grande récompense vous est réservée dans le ciel ? »

En parlant ainsi, Rose devançait ses parents, se montrant, pour les soutenir, pleine d'ardeur, de force et de gaieté.

La marche des pauvres exilés fut pénible et périlleuse. Ils eurent bien à souffrir, car on était au cœur de l'hiver. Après plusieurs heures de marche, ils arrivèrent à Soriano où ils ne trouvèrent qu'un morceau de pain et

En un clin d'œil, elle remet le vase dans toute son intégrité,... et le rapporte ensuite à cette pauvre femme qui reste toute confuse.... (page 20.)

un pauvre gîte qu'ils durent à la charité d'un habitant de la ville.

La mission de Rose de Viterbe, comme vous le voyez, mes chères enfants, ne fut pas comprise et acceptée par tous, et notre jeune apôtre eut ses persécuteurs. Mais rien ne la déconcerta, elle méprisa les menaces et fut heureuse de souffrir pour Jésus.

Ah ! mes chères enfants, dans la vie, parce que vous serez de bonnes chrétiennes, parce que vous exercerez l'apostolat, vous rencontrerez aussi des personnes qui se moqueront de vous, ne comprenant pas quel esprit vous anime, elles vous mépriseront et vous persécuteront. Oh ! réjouissez-vous alors, car votre récompense sera grande dans le ciel. Remplissez malgré tout vos devoirs, soyez de vraies chrétiennes. Souffrez pour Jésus et ne vous lassez pas pour cela de parler de Lui. Comme sainte Rose de Viterbe, soyez toujours apôtres !

Sainte Rose donne de précieux encouragements à ses parents condamnés avec elle à l'exil. Elle leur montre Jésus et le ciel, et ce père et cette mère contemplant leur enfant qu'ils aiment et vénèrent comme une sainte, sont heureux d'être persécutés avec elle.

Jeunes enfants, sachez vous aussi consoler vos chers parents dans leurs peines, montrez-leur Jésus et le ciel, faites-leur aimer la souffrance, et par votre tendresse filiale, soyez leur consolation et leur bonheur.

CHAPITRE IX

Prédications de Rose à Soriano. — Elle apprend par un ange la mort prochaine de Frédéric II et le retour du Pape à Rome.

A Soriano, le Seigneur avertit sa fidèle servante qu'il l'a conduite dans cette ville afin qu'elle exhorte les habitants à la pénitence. La vue des épouvantables désordres qui y régnaient déchire le cœur de Rose. Chaque jour, elle semble se multiplier, à l'église, dans les rues, sur la place, dans tous les lieux les plus fréquentés, pour parler du bon Dieu, de la religion, de nos immortelles destinées. Afin d'engager les pécheurs à revenir à Dieu, elle prend son crucifix qu'elle presse un instant sur ses lèvres brûlantes, et leur montre cet adorable Sauveur qui a les yeux fermés pour ne pas voir leurs iniquités, la bouche entr'ouverte pour les appeler, les pieds immobiles pour les attendre, les bras étendus pour les recevoir, la tête inclinée pour leur donner le baiser de paix, le cœur ouvert pour les abriter. Aussi quelques mois s'étaient à peine écoulés, que, touchés jusqu'au fond de l'âme de la ferveur, du zèle et de la sainteté de Rose, tous les habitants riches et pauvres abandonnèrent leurs erreurs, renoncèrent à leur vie de désordre et jurèrent une fidélité inviolable à la loi de Dieu et à l'autorité du Saint-Siège. Il serait difficile de donner une légère idée de la joie que ressentait notre tendre petite sœur à la vue des sentiments de foi et de religion dont ce bon peuple était animé. Cependant au milieu de ce bonheur, elle éprouvait aussi une vive peine. L'impie Frédéric II ne cessait de persécuter le Souverain Pontife. Aussi ne cessait-elle de prier, jeûner et se flageller pour obtenir le triomphe de la sainte Église.

Or, le soir du 4 décembre 1250, étant en prière dans sa cellule, elle voit apparaître un ange resplendissant d'une céleste clarté. Il s'approche d'elle avec le plus grand respect, la salue de la part de son divin Jésus, et lui dit que, dans quelques jours, l'Église et l'Italie verront s'évanouir les maux qui les affligent. L'admirable petite fille passa le reste de la nuit à exprimer à Jésus son ardente reconnaissance. L'aurore n'avait pas encore paru que cet auguste Maître lui annonçait que, dans la nuit du 12 au 13 du même mois, Frédéric quitterait la terre pour comparaître devant son Tribunal. Le jour étant venu, sans plus tarder, la jeune voyante convoque les habitants de Soriano, et, les yeux inondés de larmes, elle leur annonce la mort prochaine de l'Empereur, et ajoute que le Souverain Pontife, réfugié en France, retournerait bientôt à Rome.

En effet, le 13 au matin, Frédéric n'existait plus.

A peine la nouvelle de cette mort fut-elle connue à Viterbe, que tous les habitants se livrèrent aux transports d'une joie extraordinaire. En un instant, les troupes impériales sont mises en fuite, et sur tous les édifices apparaissent les bannières du Saint-Père. Dans toute la province on n'entend plus retentir que ce cri : « Le Pape ! Vive le Pape ! Nous voulons le Pape !... »

Le 25 janvier 1251, Innocent IV reçut en France les dépêches qui lui annonçaient le changement survenu en Italie. Le vénéré Pontife fit aussitôt ses préparatifs de départ, quitta Lyon après les fêtes de Pâques, entra dans ses provinces où il apporta l'espérance et la consolation, et fut reçu à Rome au milieu des élans du plus vif enthousiasme et des accents de la plus respectueuse affection.

C'est ainsi que la prophétie de notre chère sainte s'accomplissait avec la plus ponctuelle exactitude.

Remarquez, mes chères enfants, que la persécution fut non seulement pour sainte Rose une source de mérites, mais encore pour bien des âmes une occasion de salut.

Chassée d'un endroit, elle va dans un autre et y continue son apostolat, sa mission toute divine.

Chères petites filles, imitez votre sainte patronne; si l'on vous persécute, si l'on vous repousse, oh! ne cessez pas pour cela de parler de Jésus, de sa bonté, de son amour! Toujours vous trouverez des âmes, et près de ces âmes, soyez aussi toujours apôtres!

Voyez encore, mes chères enfants, comme le bon Dieu s'est montré sensible aux larmes et aux prières de Rose. Du fond d'un réduit obscur, la pauvre petite fille lui adresse les plus pressantes instances pour le triomphe des justes, le retour du Saint-Père, l'exaltation et la paix de l'Église ! Et ses demandes sont exaucées.

Oh ! qu'elle est puissante sur le cœur du bon Jésus la prière de l'enfance et de la jeunesse ! Chères enfants, aimez à prier ! Et que de votre cœur s'élèvent chaque jour de ferventes invocations pour la sainte Église et pour son chef visible, notre Saint-Père le Pape !

Sainte Rose aime le Pape ; il est attaqué, elle le défendra ; il est chassé de son trône, elle l'y rétablira ; il est depouillé de ses États, elle les lui rendra. Cette admirable petite fille a une mission surnaturelle à remplir. Elle est surtout envoyée de Dieu pour défendre les droits du Saint-Siège. Aucun obstacle ne pourra l'arrêter. Elle prie, jeûne, se flagelle, parle sans crainte. Le ciel vient à son aide et ses paroles sont appuyées par les nombreux et surprenants prodiges qu'elle sème sous ses pas. Enfin sa tâche est remplie quand le vicaire de Jésus-Christ rappelé à Rome rentre en possession de tous ses droits temporels.

Vous aussi, chères enfants, vous avez des devoirs envers le Pape et ses représentants les évêques, et les prêtres. Vous devez prier pour eux, les respecter et savoir les défendre en cas de besoin. En invoquant sainte Rose de Viterbe, demandez-lui de vous obtenir son amour, son respect, son dévouement pour la sainte Église catholique.

CHAPITRE X

Rose se rend à Vitorchiano. — Elle monte sur un bûcher enflammé pour confondre une magiciennne qui séduisait le peuple.

Après avoir rempli sa mission à Soriano, notre sainte apprit que dans une ville voisine, à Vitorchiano, les habitants, séduits par une magicienne, avaient abandonné la religion et s'étaient séparés du Saint-Siège. Aussitôt, sa résolution est prise, elle ira porter à ce malheureux peuple la parole du salut.

Le récit des merveilles opérées par Rose étant parvenu dans cette ville, les multitudes accoururent de toutes parts pour l'entendre ; sa pose modeste et calme ; son crucifix que d'une main tremblante d'émotion elle pressait sur son cœur ; son visage pâle, angélique ; sa robe grossière, usée, que soutenait une corde plus pauvre encore ; tout cet ensemble de piété tendre, de grandeur aimable, d'at-

trayante et sublime majesté lui gagnait les
cœurs avant même qu'elle eût parlé. Aussi,
en peu de jours, la ville se trouva totalement
transformée.

Cependant, la jeune vierge ne put parvenir
à convaincre une magicienne qui l'accusait
de semer dans les esprits le trouble et la dis-
sension et qui jurait de se venger. Rose
employa tous les moyens pour guérir cette
malheureuse, mais elle comprit que pour
triompher de ses préjugés, il fallait quelque chose de plus fort. Redoublant alors ses
pénitences, la sainte enfant, suivant l'inspi-
ration du Seigneur, fait préparer un immense
bûcher sur la place publique et prie les prêtres de faire sonner le tocsin ; le peuple
accourt en foule. La sainte annonce alors
qu'elle va employer un dernier moyen pour
vaincre les résistances de cette obstinée servante de l'esprit du mal. Cela dit, elle fait
signe d'allumer le bûcher. Dès qu'il est em-
brasé, Rose s'avance avec calme, entre dans
le feu et monte jusqu'au sommet du bûcher,
là, elle se tient debout, croise les mains sur
sa poitrine, et le regard amoureusement fixé
vers le ciel, elle chante les louanges de Jésus.
Les flammes s'écartent avec respect et l'en-

veloppent sans la toucher. Le peuple ravi
d'un tel spectacle proclame le prodige. La
sainte reste ainsi trois heures au milieu des
flammes sans qu'un cheveu de sa tête, un
fragment de sa tunique n'aient été atteints
par le feu. La foule proclame la sainteté de la
servante de Dieu, et la magicienne ne pou-
vant plus résister à l'action de la grâce, se
jette aux pieds de Rose, la supplie d'intercéder
le Seigneur pour elle et se relève convertie.

Remarquez, mes chères petites filles, que
la seule vue de sainte Rose touchait les
cœurs, les convertissait. Sa grande modestie,
son air angélique portaient à l'amour du bon
Dieu et à la pratique de la vertu, Eh ! ne pou-
vez-vous pas encore en cela imiter un peu
votre sainte patronne? Une enfant bien modeste, bien pieuse, passe au milieu des
hommes, même des méchants, comme un
petit ange que l'on respecte, que l'on aime,
et que l'on veut imiter.

Chères enfants, comme sainte Rose de
Viterbe, dans les rues, sur les places publiques, quand vous devez les traverser, partout,
tenez autant que possible vos yeux modeste-
ment baissés, que tout votre extérieur soit

édifiant et porte à aimer le bon Dieu. A l'église, soyez bien pieuses, profondément pénétrées de la présence réelle de l'aimable et divin Jésus au Très Saint Sacrement de l'autel.

Vous toucherez le cœur des personnes qui vous verront ; sans leur parler, vous serez pour elles une prédication vivante, mais surtout, chères petites filles, le bon Jésus vous aimera, vous bénira, vous comblera de ses grâces et de ses divines faveurs.

CHAPITRE XI

Rose revient à Viterbe. — Elle veut entrer chez les Sœurs de Saint-Damien. — Elle tente de réunir ses compagnes sous la règle du tiers-ordre de Saint-François. — Sa maladie et sa mort.

La paix étant rendue à l'Église et notre jeune sainte ayant terminé sa mission, elle reprit avec ses parents le chemin de Viterbe, opérant partout des miracles, convertissant les pécheurs, fortifiant les justes et excitant dans tous les cœurs l'amour de la Sainte Église et du Pape. Les habitants de Viterbe, heureux de son retour, vinrent en foule à sa rencontre. En revoyant, après dix-huit mois de séparation, l'enfant bénie qu'ils regardaient comme la consolatrice des affligés, le secours des pauvres, la lumière des âmes, la libératrice de la patrie, ces bons habitants ne pouvaient contenir leurs cris de joie et leurs transports de reconnaissance.

Rentrée dans sa cellule, Rose ne songea

plus qu'a mettre à exécution le projet qu'elle avait formé depuis si longtemps. Elle voulut se séparer du monde pour vivre seule avec son Dieu.

Elle se rendit au monastère des Sœurs de Saint-Damien, se jeta aux pieds de la supérieure et la conjura les larmes aux yeux de vouloir bien l'admettre dans sa communauté. Par une adorable disposition de la Providence, la supérieure ne crut pas devoir accéder à sa prière. Persuadée sans doute que cette angélique enfant travaillerait davantage à la gloire de Dieu et au salut des âmes dans la maison de son père que dans la solitude d'un couvent, elle lui représenta que ses parents déjà avancés en âge, pourraient bientôt réclamer ses soins ; que sa santé délicate ne résisterait pas longtemps à la vie austère de la communauté, et qu'au dehors, elle pourrait rendre encore de grands services à la religion.

Rose se soumit sans hésiter et de bonne grâce à ce sacrifice quelque pénible qu'il dût être pour son cœur.

Cependant plusieurs jeunes filles, ses anciennes compagnes vinrent la supplier de les prendre sous sa conduite. Avec l'autorisation de son confesseur, Rose y consentit, et, en

Le soir du 4 décembre 1250, étant en prière dans sa cellule, elle voit apparaître un ange resplendissant d'une céleste clarté. (page 48.)

peu de temps, elles formèrent une petite communauté observant la règle du tiers-ordre de Saint-François. Elles partageaient leur temps entre le travail manuel et les exercices de piété. A part quelques moments de récréation, leur silence n'était interrompu que par la récitation du saint office, le chant de psaumes et de cantiques, les lectures spirituelles et les exhortations courtes mais enflammées que la petite sainte leur adressait sur les vertus les plus propres à leur saint état.

Mais ce nouvel établissement souleva quelques difficultés. Le Pape fit connaître à Rose, par l'entremise de l'évêque de Viterbe, qu'il désirait leur dispersion. « Dès ce moment, répondit la jeune vierge, notre communauté n'existe plus, puisque le Divin Maître daigne nous manifester sa volonté par l'entremise de son représentant sur la terre. » Toutes se soumettent avec amour et rentrent aussitôt dans leurs familles.

Le Pape avait ainsi secondé les secrets desseins de la Providence et par là une prédiction de Rose trouvait sa réalisation.

Notre chère petite sœur n'avait plus que quelques semaines à passer sur cette terre.

A peine rentrée dans sa cellule, elle tomba gravement malade et supporta ses cruelles souffrances avec la plus admirable patience et pour l'amour de Dieu.

Elle demanda à se confesser et à recevoir la Sainte Eucharistie. Quant le Saint Sacrement fut présent, elle recueillit le peu de forces qui lui restaient, se fit mettre à genoux sur la terre nue pour recevoir Jésus et s'unit à la récitation de toutes les prières de la cérémonie. Ses forces diminuant de plus en plus, elle dut être recouchée pour recevoir l'Extrême-Onction. Après avoir remercié le Seigneur de toutes les grâces qu'Il venait de lui accorder, Rose voulut dire un dernier adieu à ses bons parents et à ses chères compagnes. « Je meurs, leur dit-elle, mais je meurs avec joie, car je désire m'unir à mon Dieu. Vivez de manière à ne pas craindre la mort. Mon cher père, ma mère bien-aimée, je me sépare de vous, mais mon âme vous sera toujours unie ! » Puis, s'adressant à ses chères compagnes : « Je vous laisse, leur dit-elle, et je vous confie à Jésus ! Parmi toutes les vertus que vous devez pratiquer, je vous recommande spécialement l'amour de Dieu. Oh ! l'amour, l'amour de Dieu !!! développezle dans votre cœur, qu'il vous embrase, qu'il vous consume ! Mais voulez-vous faire des progrès dans ce céleste amour ? Soyez humbles et priez. Priez, car la prière obtient tout ; soyez humbles, parce que c'est l'humilité qui donne à la prière sa principale puissance. Oh ! l'humilité ! Quelle précieuse vertu ! Oh ! la sainte humilité !!! Que ne pouvons-nous la posséder ! »

Tout à coup des voix célestes se firent entendre, les anges venaient à la rencontre de cette séraphique petite vierge leur émule, et tandis que sa langue répétait avec une indicible ardeur ce cri d'espérance et d'amour : « O Jésus ! ô Marie ! » son âme pure, rompant les liens qui l'unissaient au corps, prit son essor vers les cieux.

C'était le 6 mars 1252. Rose avait alors environ dix-sept ans.

> Et Rose, elle a vécu ce que vivent les roses,
> L'espace d'un matin.

Quelle douce et sainte mort ! Mes chères enfants, recueillez les dernières recommandations de sainte Rose.

Que l'amour de Dieu embrase vos jeunes cœurs, qu'il fasse de vous des saintes ! Qu'il vous transforme en apôtres ! Pour cela, l'humilité ! Si vous obtenez quelques succès, faites-en remonter la gloire à Dieu à qui seul elle appartient.

Enfin, chères enfants, travaillez, travaillons ensemble en Jésus, par Jésus, pour Jésus, et dans son cœur sacré soyons unies dans le temps et dans l'éternité !

CHAPITRE XII

Après son trépas, le corps de Rose devint
tout resplendissant de lumière et il s'en exhala
une odeur si agréable que la maison toute en-
tière en fut embaumée. Son visage conserva
tant de charmes et d'attraits, que les assistants ne pouvaient se lasser de le contempler.
Il serait impossible de donner une idée de la
consternation dont furent saisis les habitants
de Viterbe, lorsque ce cri lugubre circula d'un
bout à l'autre de la ville : « La petite sainte
est morte! l'angéliqne Rose n'est plus!! »

Le souvenir de ses vertus, de sa bonté, de
ses bienfaits se présentait à tous les esprits
et remplissait d'émotion tous les cœurs. Le
silence entrecoupé seulement par les sanglots disait assez quelle douleur remplissait
les âmes.

Une foule immense envahissait chaque jour la demeure que Rose avait habitée, et on ne se consolait d'en sortir qu'en se donnant la satisfaction d'aller à son tombeau. On venait remercier la sainte de ses faveurs, implorer sa protection, et emporter comme de précieuses reliques les différents objets que l'on faisait toucher à ses vêtements, à son lit, aux murs de sa chambre, au pavé qu'avaient foulé ses pieds, à la terre qui couvrait son corps.

De nombreux miracles se multiplièrent au tombeau de Rose et le Pape Calixte III la canonisa en l'an 1457.

Après six siècles, le corps de sainte Rose se conserve encore sans corruption au monastère des Clarisses de Viterbe.

Sainte Rose de Viterbe est au Ciel! Elle vous voit, mes chères enfants, elle vous entend, elle vous aime! Invoquez-la avec confiance, elle est toute puissante sur le Cœur de Jésus, elle vous obtiendra les grâces que vous solliciterez par son intercession. Priez-la pour vous-mêmes, pour vos chers parents, pour vos bienfaiteurs, pour la sainte Église votre Mère, pour le Souverain Pontife et pour la France, votre patrie.

Oui, chères petites filles, disons chaque jour de tout notre cœur avec foi, espérance et amour : Sainte Rose de Viterbe, priez pour nous !

Prière à sainte Rose de Viterbe.

Aimable sainte, patronne bien-aimée, écoutez notre humble prière. Du haut du Ciel où vous régnez, veillez sur nous, protégez-nous. Qu'à votre exemple, nous ayons pour Jésus un amour ardent et généreux et pour les âmes le zèle qui remplissait votre cœur !

Obtenez-nous votre soumission et votre dévouement à la sainte Église et à son Chef visible, Notre Saint Père le Pape.

Comme vous, ô sainte Rose, nous voulons être apôtres ! Apôtres dans la famille ! Apôtres parmi les enfants de notre âge ! Apôtres partout autour de nous ! Apôtres de Jésus et de la sainte Église ! Apôtres toujours ! Et pour cela, nous vous regarderons et nous travaillerons à vous imiter. Nous regarderons le divin Jésus, votre céleste Époux, nous irons à son Sacré Cœur et nous puiserons dans ce foyer d'amour le feu brûlant qui doit consumer le nôtre et le remplir du zèle de l'apostolat.

Glorieuse sainte Rose, soyez toujours notre avocate et notre protectrice, priez pour nous afin qu'après avoir aimé Jésus sur la terre, nous puissions un jour l'aimer, le bénir et le posséder éternellement dans le Ciel.

Ainsi soit-il.

Oraison.

O Dieu, qui avez daigné admettre au nombre de vos vierges bénies, la bienheureuse Rose, accordez-nous, nous vous en prions, par ses prières et ses mérites, d'expier toutès nos fautes et de jouir éternellement de la félicité de votre divine Majesté. Ainsi soit-il.

FIN

TABLE DES MATIÈRES

— Lille Typ. A. Taffin-Lefort. 1893. —

www.ingramcontent.com/pod-product-compliance
Ingram Content Group UK Ltd.
Pitfield, Milton Keynes, MK11 3LW, UK
UKHW020941120726
13693UKWH00004B/1473